JN411054

# 향기로운 사하라

# 향기로운 사하라

김명희 시집

# 自序

아직 잉크가 따뜻하다

출석부에 가로줄을 그으며
오늘은 모든 이름을 지우고 싶다

이름으로 먼저 알게 된 벚꽃역
역사는 사라지고 나무만 우거져
어린 날개 잉잉거리는

바람이 척추를 꺾어
자모음을 지우는 저 꽃자리

먹먹하다

## | 차례 |

### 1부

## 2부

## 3부

## 4부

## 5부

# 1부

# 붕어 회

어둠을 저어가는 별자리 마주하고
'회 드세요' 술잔을 부딪치듯 건네는 붕어빵
한낮의 땀방울이 달착지근하게 부풀었다
쫀득한 육질에서 모래바람이 일고
미각도 눈꺼풀처럼 내려앉는 야간수업
그래도 초고추장이 없어 미안하다고
강물이 한쪽으로만 흘러서
별이 밤에만 보여서 미안해야 할까
시간을 얇게 저미던 칼날 스치기도 전
횟감은 찢기고 뜯겨 살로 누웠다
누군가의 주검을 충북 음성까지 배달하느라
지각한 그가
물살에 몸을 맡긴 채 노랑노랑 노를 저었다
다시 놓칠 수 없는 대어로 부푼
그의 가방에서 붕어들의 산란이 빵빵한
그 저녁 우리는 서로의 허기를 도살하고
비린 입맛을 닦았다

# 뒤란

어린 나무에서 갓 따온 무화과 반나마 벌어졌다
꽃이면서 열매인 오묘한 단물이 침샘에 고이다
어느새 혓바닥을 찔렀다
단맛 끝에 오는 이 쓰라림 무화과를 먹어본 사람은 안다
단맛에도 뒤란이 있다는 것을

사라 바트만＊그녀는 비너스의 뒤란이다
애장품이 된 축복의 아프리카를 향해
경배를 들던 사나이들은 어디로 가고
검은 눈물 입 안 가득 모래바람만 휘몰아치나

탱탱하게 익은 슬픈 대륙을 정벌하고 돌아가는 길
그 밤하늘 처녀성으로 피어나 볼까
벌목의 원시림에는 짓뭉개진 달의 파편이 쌓이고

분노와 절망마저 적출당한 아랫도리에
깨진 술통과 담배 곽을 쑤셔넣고
미각을 사냥하는 엄숙한 능선
별들의 포자가 짐승처럼 고꾸라졌다

사라 바트만 네 눈물의 단내를
누가 안다고 하겠는가
피면서 열매 맺는 슬픔의 뒤란

검은 나뭇가지에서 검은 새들이 일제히 날아올랐다

* 유럽국가들의 '아프리카 쟁탈'의 시기인 19세기 화젯거리. 1810년 20세 정도의 한 원주민 여성이 유럽으로 끌려가 5년간 우리에 알몸으로 갇힌 채 런던과 파리의 술집을 전전하며 구경거리가 되었다. 이 여성의 유해는 뇌와 성기가 제거된 채 '사라 바트만'이라는 이름으로 프랑스 박물관에 소장되어 있다가 2002년 고향으로 돌아가 강가에 묻혔다.

## 절정

―정다운 병원

벚나무 가지 축 처졌다
수평의 어깨와 수직의 허리를 잃은 어머니
짊어진 꽃송이들이 너무 무거웠나 보다
탈골의 가지가 땅바닥에 닿을 듯
목젖에 들러붙은 가래 뱉어낼 기력조차 없다
누군가 저 꽃잎이 초속 5센티미터로 떨어진다고 했다
어머니 잔소리에서 우수수 뛰어내리고 싶었던
그때 어머니 등짝에선 콩이 튀었다
세 되짜리 양은 주전자에 큰아들 등록금을 담아
밤기차를 타던 4년의 열 곱절이 지났건만
박박 긁어대던 손수건만 한 등짝 볕을 바라고 누웠다
아버지가 사 주신 분홍빛 스웨터의 계절도 아주 잠깐
꽃잎보다 가벼운 눈꺼풀 여닫는 것도 힘겨워하셨다
사진 속 쉰둘의 아버지를 위해
쉰일곱의 사진을 나란히 놓고

쿵, 피를 토하며 동백이 쓰러졌다
트럭 앞에 널브러진 302호 영감의 아들
한평생 바람 같았던 화상이 아들까지 잡아먹는다고
할멈의 악다구니 맨발로 내달리는 저쪽

자해한 목련 위로 남은 해가 뿌옇다
가장 무거운 가지가 가장 가볍게 마감하리라
빗방울 하나 없는 창밖은 아직 꽃들의 세상이다

## 향기로운 사하라
—장미공원

연분홍 치맛단 아래 명주 단속곳
주검은 겹겹 꽃잎으로 포장되었다

저승 가는 데도 차가 필요한 것인지
자동차 판매 왕 이 씨의 리스트에서
어머닌 아직 고객이시고

자동차 경적에도 주르르 내려앉는
꽃의 불황 꽃의 시즙
세일즈 권좌는 사막에 핀 장미 같아
스스로 온몸에 가시를 세우기도 하는데

42도 알코올에도 분해되지 않는
불면을 따라 가면
영혼의 사막에서 탈주한 황금색 사하라
그 옆에 분홍 꽃술을 단 노스태지

하루를 얹어놓은 꽃잎 위에 또 꽃잎을 쌓으며
언제 덮칠지 모르는 모래바람 같은 웃음에도 악수를 청한다
덥석 죽은 사람의 손이라도 잡고 싶은

그, 오늘 또 가시 하나를 잃었지만
찔리면서 찌르는 가시의 힘을 믿기로 한다

# 부부

서로 맞닿아 있는 것도 잊은 채
오래 붙어 있어 삐거덕거린다고 생각했다
방 문, 헤어 드라이기, 냄비 손잡이
고정시켜야 할 것들이 많아질수록

삐거덕거린다 밥을 먹다가
산책길에서도 인대는 늘어나고
먹장구름 붕대를 감아야 했다
깁스의 뒤축이 허방에 닿으면
바람의 진물이 게딱지처럼 기어 다녔다

쐐기를 박았던 말과 말 사이가 헐거워지다니!

쫄깃쫄깃 감기는 소면 타래 같은 시간이 있기는 있었을까
땡초에 입 안이 홧홧거리는 것도 잊은 채
포획된 한 마리 짐승이다가 분홍치마를 들썩이며 달아나는
꽃잎이다가 순간 또

삐거덕, 팬에 잘 익은 화전이 부풀어 오르고
서로 들러붙는 찹쌀의 습성을

몇 줌 맵쌀로 제압하던 어머니
재발 예방에 관한 의사의 당부
그 사소한 것들마저
몇 날째 황사로 떠돌 뿐

상처의 자리엔 꽃물이 볼록하다

## 비밀

진열장에는 봉긋한 가슴들이 무덤만큼 솟아있었다
그때 나는 열네 살이었고
서울 양행을 드나드는 언니들의 가슴이 모두 봉긋했다
그 도도한 곡선의 짝사랑이 시작됐고
첫 암호는 70 A컵이었다
새파란 봄빛을 차고 오르기에는
나의 몸피나 정신은 덜 여물었다
서울 아줌마의 브라더 미싱에서는
가슴둘레 75가 금방 70으로 태어났다
그것은 엄마와 아줌마 나 세 사람만의 비밀이었다
나의 몸을 훤히 들여다보는 듯한 아줌마의 시선을 피해서
나는 열다섯 살이 되었고
죽음에도 사이즈가 있다는 것을 알았다
할아버지의 무덤을 지나 애장 터
초등학교 2학년 때 죽은 강선이 무덤이 있던 공동묘지
이 예사로움에 수학 낙제점보다 더 큰 충격은
봄 소풍 때 본 수로왕릉이었다
날마다 체중에 시달렸다, 도서관을 약방처럼 드나들며
나는 열여섯 살이 되었고
사이즈는 몸피로만 되는 것이 아니라는 것을 알게 되면서

내 가슴은 부풀기 시작했다

그리고 방금 비너스 50% 할인 문자 메시지가 들어왔다

# 나무공원

솜사탕 구름을 좇아 위로만 달아나려 하고
씨방에 달콤한 사연을 숨겨 배가 불뚝해지기도 하는
야생의 나무를 길들이는 곳입니다
옆구리 운동 · 바벨 들기 · 아령
바람 교관의 구령에 땀방울 훔치는 나무들
비만탈출 귀를 쫑긋 세운 청설모
참나무 긴 계단을 오르내립니다
자전거나 인라인 스케이트 아니면 휠체어는 어떨까요
허리 굽은 나무 · 활 쏘는 나무 · 목발 짚은 나무가 만나는
삼거리 단풍나무 주막을 가으내 왕래해야 하니까요
흙 · 물 · 불이 만나 언약의 집이 되는
동동주와 배추전이 익는 삼강주막 같은 곳 말입니다
미처 지우지 못한 빗금 외상장부 잎맥으로 찍혀있는
붉은 차일 아래는 멀리서 온 그대를 위해
공복은 쏟아지고 양광은 안으로 뜨겁게 끓고 있습니다
온도를 알 수 없는 튀김 솥 같은 그대 가슴에서
단풍잎 · 떡갈잎 · 서어나뭇잎 바싹 튀겨져
와삭 와삭 튀김 깨무는 소리가 고소하게 퍼져나갑니다
동동주 탓이라며 둥치 튼실한 나무를 안아봅니다
삼월의 나무는 몸이 뜨거웠지요

펄펄 끓는 눈도 금방 녹였지요
그날 당신은 예배당에 다녀오시는 길이었고
귓불 바알간 나무의 부축을 받으며
어멈아~ 종소리가 난다
내 귀가 이리 울어도 종소리는 똑똑히 들린다아이가
죽은 언어도 이끼로 피어나는
고사목의 어울림이 또 하나 길을 만드는 세상입니다

# 괴사

베란다에 방치한 양파에 싹이 돋았다
나일론 망을 뚫고 나온 푸른 독기가
허연 살집덩이를 물러 앉히고 말았다
방치한 것은 모두 괴사하는 것일까
환부를 들여다보지 못한 동안
당뇨가 발까지 점령했다
진물이 흐르는 상처를 헤집고
약을 바르다 독꽃을 보았다
양파 속 나이테같이 둥글게
잠식한 어머니의 발가락
핀셋으로 까뒤집어도 꿈쩍하지 않는다
바퀴에 짓이겨진 짐승을 보았을 때의
비명이 '윽' 하고 튀어 나온다
감각이 사라지면 기억도 사라지는 것일까
육 남매의 생명을 싹틔우고 깃들이느라
가락가락 발가락이 다 닳아 뭉툭한 그곳
검은 상처 한 촉
괴괴하다.

## 뽕짝으로

라디오에 귀를 모아 빨간 동백꽃
멍든 동백꽃을 따라 부르던 열 살 무렵부터
동백은 언제나 붉은 꽃만 피웠다
삼순이 고모 젖은 눈시울도 동백이었고
은하수 미장원 지희 언니 스카프도
오케이 사진관 아줌마 스웨터도 동백이었다
동동동 웃음을 가게 문에 걸쳐놓고
살짝 얽은 지희 언니 얼굴을 입방아로 찰칵
사진관 아줌마 오리궁뎅이라며 지지고 볶다
한나절, 국수말이는 언제나 삼순이 고모 차지였다
단 한번 그녀의 불퍼머 때문에 춘도 아재는 외항선을 탔을까
마당귀에 숨어서 오랫동안 붉히던 고모의 눈시울
탁배기로 발효되던 그 아랫목
젓가락 장단에 꽃송이만 무단히 떨어졌을 거다

# 겨울과 봄 사이

진눈개비인지 버들개지인지 눈을 비벼봅니다
톡톡 꽃눈이 터집니다 오얏 · 히어리 · 애기사과
생각의 마디에서 달려 나옵니다
한산도가 온통 꽃눈으로 덮일 때까지
차고 달콤한 바람향이 쪽빛 대문을 두드립니다
생선 비린내 꾸덕꾸덕 마르는 사이
언 손을 귀에 대고 소곤거리는 나무들
저 봉긋한 속삭임이
언제 꽃불로 타오를지 몰라
꽃발로 서성이던 사람은
파도를 딛고 수평선 너머로 사라졌습니다
성냥개비 같은 꽃씨들을 봉함한
주민센터 등나무 아래 할머니와 할아버지
합죽한 볼을 서로 외면한 채 앉아 있습니다
동백 아래 고양이 모둠발로 기웃거립니다
마산 뱃머리에서 동호항까지
삼순이 고모는 울며 배를 탔는데요
참말로 눈이 시려 손수건이 흠뻑 젖은
고린내 나는 이야기를 널어 말리는 사이
그녀는 잠깐 새색시가 됩니다

푸른 뱃길을 섬섬 누비고 다닙니다
뭍에서는 시간이 쉬이 굳어버리기 때문입니다

## 그늘부처

다구리 290년 된 느티나무 염불 중이다
폭염주의보도 아랑곳없이
느티나무 경전 앞으로 모여든 사람들
한쪽 팔이 없는 장 씨와 목청 큰 노인회 회장은 가부좌를 틀었다
차륵차륵 돌고 있는 나뭇잎 염주를 따라
어느새 눈꺼풀이 나이테만큼 가물거린다
바다와 다락 논이 만나는 동네 끝
임 영감은 삽날의 흙을 긁어댄다
대대로 살아온 나무의 그늘, 그늘나무 밑을
일 년에 딱 한 번 칠월 칠석이면 청소를 한다
매일 경을 외는 나무도 누군가 그리워 고뿔이 들기 때문이다
아직 귀가 밝은 정 영감은 나무가 앓는 소리를 들었다고
그늘의 사연을 펼친다
나무가 누워 있다면 저리도 큰 그늘을 만들 수 없었을 것이다
또 사람들은 직립으로 다니지 않고 뱀처럼 기어 다녔을 것이다
땅을 파고 씨앗을 뿌리지 않았을 것이다
무엇보다도 염천에 눈이 스르르 감기는 경을 들을 수 없었을 것이다

## 살살

8킬로그램 10킬로그램 들어 올려도 쑥 빠지지 않는
살, 살살 달래는 트레이너의 리모컨에서
헤비메탈이 흘렀다

매번 허방을 들어 올리듯
땀방울 튀기며 들어 올린 바벨이
네 가슴을 짓뭉갤 수 있다
고성, 촉구, 일인시위…
아령을 들고 쌍절봉을 흔들다 이제 플래카드까지 들었구나
무차별 발사하는 눈총에도
뻥 뚫리지 않는 강철옆구리를 가진

아들아!
바벨이 무거운 건 내려 놓아야 하기 때문이다

쑥물처럼 번진 곰팡이를 뜯어 먹으며
아직도 사랑과 연민을 혼동하고 있다면
밤하늘을 올려다봐라

웃고 있는 저 달도 속으론 제 살을 도려내고 있다

# 2부

# 민들레

너도 길바닥에 나앉았구나
이 빠진 청춘과
샛노란 추억의 갈림길에서
구름 한 장 끌어다 덮고
용케도 참고 있구나
보도블록 틈새라도
등때기 붙일 수 있어
행복하다 고개 끄덕이지만
흘러간 어둠과 눈물
헛발로 맴돌지 않도록
뿌리째 신경통 앓는
무릎 사이
하얗게 흔들리는
봄볕이여

# 꽃시계

키 재기하던 나무에 걸었던 시간이 있다

듣지 않고 바라보지 않아도 느낄 수 있는 사랑이여

불 같은 하루도 이제 제 몫의 각질을 벗겨낸다

아직 어둠은 덜 여물었고

멀리서 페달을 밟고 오는 둥근 그대

바람은 밥 냄새 흐르는 쪽으로 몰려간다

우리 서로의 등을 밀며 오르던 무늬 진 꽃자리

그 속을 수천 수만 번 꿰뚫고 갔을 시간의 살

그 빛나는 상처의 파장을 추파라 하자

한때는 감옥이었던

한때는 피 튀기는 난장이었던

내 몸속에 꽃보다 붉은 시간이 흐르고 있다

# 평면

몇 날째 누워있다

앉거나 서 있던
장롱 · 서랍장 · 옷걸이
모두 누워있다

천장에 색지를 붙인 것 같은
사각등
한 컷짜리 불빛이 빽빽한
단칸방의 카투니스트* 는
세상이 평면이라는 걸 진즉에 알았다

내 발이 닿을 수 없는 곳
네 발이 이루지 못한 것들
요양병원 503호에서 모빌을 흔들던 어머니처럼
높거나 낮은 것들의 등을 베고 품었던
새, 잠자리, 큰물고기…

그의 영혼은 우주로 날아가고

나는 허공에 발을 올려놓고서야
세상이 평면이라는 걸 알았다

* 지현곤

## 결로

칸칸이 이삿짐을 싸놓고 비눗방울 날리던 10층이 아니라 사시사철 흙을 밟을 수 있는 집이지요 주렁주렁 이슬 맺힌 연잎으로 잔디 사이로 숨바꼭질하다 잠드는 방 혹한에도 시클라멘이 핀다 했지요 칼바람 균열 온몸으로 막는 하인 같은 벽이 아침 인사를 한다 했지요 시멘트 단단한 근육을 매만지며 영원한 젊음인 나의 초상화도 걸어 놓는다 했지요

돌은 잘게 부숴도 돌 속의 물은 부술 수 없었지요

남은 생을 알려주는 시계의 분침이 지저귀는 집 갈등이 곰팡이를 피워요 나팔꽃처럼 피어나요 당신 눈물의 인대가 파열됐어요 뜨겁고 서늘한 가슴이 필요해요 늦은 밤 가구들이 홍동백서로 지키고 있어도 그들의 침입을 막지 못해요 Home Sweet Home을 새긴 어머니의 횃대보로도 막을 수 없어요 줄줄이 흐르는 땀방울이 마르기 전 또 칠흑 같은 침묵이 찾아오니까요

# 여우

쪽방에서 쪽잠을 자듯 몇 년 장롱 속에 묵어도
꼬리 찰랑찰랑한 거 봐
손길 닿자 금세 부드럽게 눕는 은빛 털
볼을 갖다 대기 무섭게 목을 휘감는
참말로 나긋나긋한 것이
아랫담 남원 댁도 이랬을까
닭살 돋고 재채기 쏟아져도
자꾸만 털 쪽으로 몸이 기울던 할아버지
남원 댁의 살빛 냄새가 녹음처럼 무성한 아랫담으로
한밤에도 마실을 다니셨다
동치미에 살얼음도 동동 띄워서 떠먹이니
그녀의 잔털이 숨통을 막는 것도 모르고
폭삭하니 노근해 하기만 하셨던
할아버지 일생일대의 실수는
여우는 여우와 싸움을 걸지 않는다는 것을  모르셨던 게다
남원 댁의 삐져나온 털을 얼레빗으로 때론 참빗으로 빗질하던
할머니의 그 섬뜩한 꼬리에 숨이 막혀
몇 날이고 끙끙 앓아눕는 건 나였다
죽도 안 해서 백여시가 되었으니
늙은 여우로는 목도리를 할 수 없었던 게지

# 곁묻거리

백화점 사거리 네일아트 문을 밀었다
눈인사를 나누고 손을 내밀자
볼이 탱탱한 그녀가 물었다
처음이세요
짧은 예 대신 하마터면 말할 뻔했다
무덤에서 방금 나왔다고
부장품이 전시되고 있는
박물관에서 오는 길이라고
망설이는 사이
독한 향수 한 줄금 소나기처럼 훑었다
오소소, 천육백 년 냉기가 뼛속을 건너다녔다
귀달린 솥에 쌀을 씻어 안치고
곡옥의 귀고리를 달고
굽다리 접시에 나물을 담으며
불꽃무늬 손톱을 매만졌을 여자
깨어지고 흩어진 권력의 모를 쓰다듬듯
아름다움, 그 거대한 고분에서는
나도 곁묻거리인 것을

## 불놀이

도공은 가마에 불을 가두기 바쁩니다
아궁이를 틀어막고 귀퉁이도 틀어막았습니다
벌거벗은, 요염한 불의 혓바닥이 접신한 환몽 속으로 빨려갑니다
번개가 뇌관을 건드린 듯 둘 또는 넷 셋씩 엉겨 붙습니다
능선과 능선의 경계도 무너졌습니다
어쩌다 보아버린 저 천기를! 굴착기가 제 몸을 찌릅니다
눈알을 뽑아 대밭에 버려야겠어요
최면에 걸린 고깃덩이들이 지글지글 익어가는 숭고한 시간
고장 난 어머니와 술주정뱅이 아버지도 구워야겠어요
매주 목요일 저녁 은행 본점 옆 삼겹살 바베큐 차가 옵니다
놓쳐버린 사랑을 만나 피를 태우기에는 살이 너무 졌으니까요
축축한 가을이, 말랑말랑한 살흙이 목 너머 옵니다
영혼이 닿은 골짜기로 시뻘건 꽃바람이 붑니다
초록 그늘의 비탈이 파도타기를 합니다
아직 안도의 하얀 숨을 쉴 때가 아니리, 아니리
신의 호흡도 멈추어버린 일천이백오십도의 죽음 속에서
아직 태아인 아버지가 없는 듯 있습니다
아직 태아인 어머니가 있는 듯 없습니다

## 후회

낙지가 자른 심해
심해의 파편에 잘린 물방울의 꿈
벚꽃, 벚굴, 벗 버벅대는 사이 잡동사니로 엉기는
아직 소금물 꿈틀거리는
낙지를 젓가락으로 집어보면 안다
놓친 것이 더 꿈틀거린다는 것을
낙지를 집는 순간
허공엔 젓가락만 떠 있고
낙지는 접시 위에서 맹렬히 뒤엉킨다
온밤을 뒤척이며 접시달을 깨뜨려야 했던 것은
그것을 놓쳐버린 방법 때문이다
언제나 서툴렀다 살이도 연애도
스스로 바람을 자르고 온몸을 뒤트는 저 나무처럼
발화되기 이전의 기간이 너무 길었다
연속의 한 파편이 순간인 줄 알았다
어제는 머리를 잘랐고
오늘은 달려온 메시지를 잘랐다
자르고 잘리는 사이를 견디는 것이
힘이라는 걸 너무 늦게 알았다

# 가족

칩을 물고 엑스레이를 찍었다
단칼에 잘라버린 첫사랑 아픔도 없이
어금니 나란히 박힌 그곳
밤새 무슨 일이 벌어졌든가
불빛 아리다 고름으로 부풀었다
말의 말뚝이 흔들리고부터
속수무책으로 쏟아지는 통증
젖니를 지붕에 던지던 쉬슨 기억과
식구들의 눈빛과 손을 붙잡고도
새벽은 음산하고 멀어
오래도록 함께 즐기던 고통이여
하얗게 꺼멓게 판박 된
아침, 구조물 같은 치아
그 가운데 하나가 썩었는데
왜 세 개가 아팠을까
아니 온밤 들쑤셨을까
정작 썩은 이보다 옆의 이가 더 아픈
의사도 고개를 갸우뚱거리는
참으로 알 수 없는

## 사월, 어느 날

백화점 앞 조경공사가 한창이다 푸른 보리밭처럼 엎드린 광장 건너 벌렁 드러누운 나무들 비닐로 감싸고 동여맨 노끈 사이 가느다란 실뿌리가 서로 엉겨 있다 장정 서너 명이 낑낑거리며 일으켜 세운다 우람한 가지 다칠세라 뿌리를 질질 끌며 구덩이를 메운다 살점 같은 흙을 매단 저 작은 뿌리들이 잎이 되고 꽃이 되는구나 그렇구나 땅속 깊이 묻힌 저 실뿌리들의 함성이 사월의 하늘도 번쩍 들어 올리는구나

## 국화공원

비와 국화 사이로 걸어서 아이들은 학교로 가고
은행나무는 밤새 나와 앉은 벤치를 온몸으로 씌워주고 있다
34년째 이 동네에 산다는 슈퍼 아저씨
두 달 전에 문을 연 머리방 아줌마, 통장님, 목욕탕 할머니
모두 이 공원을 거쳐 간다
원형의 조그마한 광장을 두고
노란 꽃, 붉은 꽃, 흰 꽃을 두부 자르듯 갈라놓았다
여름 끝물부터 공공 근로자들이 수레 가득 모종을 실어 날랐다
꽃들도 학연 지연을 따져 앉겠다고 농성이라도 했는지
가위 바위 보 할 것도 없이 이미 편은 먹었다
언젠가 행사 뒤풀이에서 술이 몇 순배 돌자
출신이 어디냐고 물어 분위기를 싹둑 자르던
말에도 날이 있다
한마당 어울림을 자르는 데는
출신보다 더 잘 드는 날이 있을까
빗물 머금은 꽃들이 하늘 향해 일어서는 건
햇빛 쨍쨍한 날이 두려워서가 아니다

## 등외품

그녀는 농산물 공판장 귀퉁이에서 과일을 판다
소쿠리에 가득 담긴 못난이들이 그녀 생의 밑천이다
쟁여놓을 알과도 없이 싸구려 싸구려로 버텼다
다섯째 딸로 태어나던 날 강보에 싸인 채
윗목에 버려진 때부터 악다구니는 시작되었다

23번지에서 55번 상회 안주인들이
해외여행 가던 날도
남편은 그녀 앞섶에 술병을 냅다 질렀다

이빨 자국 선명한 울음 별빛으로 박히는
골목, 초록 뱀의 길이 끈끈하다
노란 눈곱을 달고 비칠거리는 개나리 울
침을 뱉고 콧물을 훔치며 돌아서는데
고양이 눈빛 등에 꽂힌다

"너도 발가벗겨지고 싶은 게지"

물어뜯은 어둠 흥건하다

# 3부

# 놓아버렸다

전원이 켜져 있는데도 돌침대 한쪽은 냉골이다

초점 잃은 어머니의 눈동자처럼

충혈된 채 가열 온도는 꿈쩍 않는다

이제 스스로는 뜨거워지기 힘든 때가 온 것일까

서서히 식어가던 밥숟갈

툭

놓아버렸다

## 레퀴엠 아라리

쉰여섯에 죽은 그녀가 웃고 있다
저자길 떨이 꽃 한 송이 사본 적 없는
그녀가 벌름벌름 국화 향을 맡고 있다

관절이 어둠처럼 굳어가는 저녁
시큼한 냄새가 그녀의 살으로 흘렀다
폐경조차 아득해서 찐득한 냄새가 그리워지는
텅 빈 방, 그녀는 재개발 분양권을 따 놓고
철거반보다 먼저 앰뷸런스를 탔다
광고탑이 반짝이는 시장을 돌아
내다 팔아야 할 내일 속으로 익명의 바람이 질주한다
12시에서 0시의 음악이 흐른다

따끈한 아랫목에서
그녀의 행적을 듬성듬성 별빛에 찍으면
공중에 흥건히 고이는 비통한 웃음

눈물을 단칼에 자르지 마!

출국장을 황망히 빠져나가는 가죽 가방처럼

관은 철제문 안으로 밀려갔다
이제야 온전히 쓰이는 그녀의 이름 석 자
전광판에서 껌벅이고
제 각각의 설움 두루마리로 훔칠 때

멀리 추모공원 꽃길이
조문 온 그녀를 맞이하고 있다

## 오므라들다

4월 봉오리 펼치자

땀샘 닫히고 호흡은 내리막이다

완두콩 열리고

혈압과 맥박 닫혔다

나달나달해진 적삼을 개키듯

생이 오므라드는 순간에는

눈으로도 들을 수 있고

귀로도 볼 수 있어

텅

텅텅

목단꽃 간다

그림자 진다

## 건널목 떡집

그 여자 떡살로 제 가슴 찍었지요

이름자도 모르는 조상님 위해
꽃 · 별 · 물고기
바람 같은 살점 꾹꾹 눌렀지요

한입에 쏘옥 때론 볼이 미어터지도록
참 차지게 씹더니
잇몸을 후벼 파고 소금을 뿌리더니

양쪽 어금니 다 뽑히도록 몰랐지요
건널목 건너는데
한 생이 깜박거린다는 것을

# 어느 날

하오 여덟 시 訃音이 왔다
휴식 시간
어둠을 타고 날아들었다
찰랑거리던 나뭇잎
정원의 거름이 되고
잔인하게 버텨온 가지
울음을 터뜨렸다
이제 그녀의 꿈속에서는
꽃도 피지 않고
폭풍우 사라진 지 오래다
어둠의 문을 밀치고
눈물로 떠도는
쓸쓸한 기억을 따라
삶이 죽음을 못질한다
네 가슴에 썩지 않을
서른 해 목숨 굳게 박혔다
꽃 피지 않는 봄
침묵으로 흘러
더 넓은 침묵에 닿아도
바람은 끝내 돌아누웠다

# 즐거운 저녁

후후 불어가며 코를 훌쩍이며
곰탕을 먹는다
집안 구석구석 굴러다니는 뼈 냄새를
바람 시린 무릎으로 껴안은 삼복
졸음처럼 곰 솥은 졸아들고
골다공증의 뼈
저 뼈들이 어머니란 말인가
발라먹고 우려먹고
입 쓰윽 닦으면 그만이었던
어머니

수육이었고 곰탕이었던.

# 장미

반만 핀 것의 반값에 활짝 핀 장미 한 다발이라니

벌어진 꽃술의 잇몸이 검붉다

남은 앞니로 쥐포를 오물거리던

할머니 주름엔 조글조글 고린내가 모여들다

낮 꿈에 헤벌어지곤 했다

명경을 들고도

앞섶에는 언제나 밥풀꽃이 말라 있었지

온돈 주고 반값짜리 산다고 핀잔만 듣던

뾰로통한 내 귀가 화들짝 피어난다

## 겨울 · 행복

눈바람이 창문을 흔들었다
현관문을 여닫고 이내 돌아와 앉았다
저 혼자 중얼거리던 앵커 화면 속으로 사라진 뒤
일기예보는 한파를 알렸다
세밑의 한파 소식은 보일러 소리보다 크게 들렸다
첫새벽 입영열차를 타고 손을 흔든 게 언제이던가
발이 푹푹 빠지는 적소의 어둠을 깨고
남자로 거듭날 것인데
내 귀는 자꾸만 현관 쪽으로 열렸다
생각 딛는 곳마다 얼음장이었다
쩍쩍 마음자리가 갈라졌다
맥반석 침대가 아랫목인 안방
어머니는 셔츠 소매를 걷어붙이고
초초 · 풍풍 · 오동오동 몇 번이고
화투짝을 맞추셨다
딱딱 화투짝 부딪는 소리
어머니 혀 차는 소리
그 탁한 음의 배경에서 잠시 잠이 들었다

# 일요일

찬물 한 사발 찾는다
구석구석 죽음이 널브러진 거실
저절로 살아난 텔레비전 소리도 죽이고
양말짝이나 맥주병 에돌이
발소리 숨소리 죽이며 솥을 씻는다
방마다 들어찬 날 것들의 냄새 가라앉히고
잠꼬대 듬성듬성 썰어 된장국 끓인다
엿새 동안 뜬눈으로 죽은 어머니
날 선 음성으로 채를 썬다
들기름 바른 김 경전처럼 쌓으며
잠깐 희망이라는 낱말을 떠올린다
한 장씩 먹을 수 있는 희망
부엌 창과 길 건너 희망 교회 사이
밥이 끓고 있다
죽음처럼 휴식하는 식구들을 위해
죽음에서도 벌떡 일어나는
아침.

# 위 내시경

등불 들고
동굴 속으로 들어간다
질퍽한 길
비몽사몽 따라 간다
팽팽한 긴장과 명치 끝 찌르던
하루하루 위벽을 갉았다
음주 흡연 아니라도
삼켜야 할 것이 너무 많아
몇 번의 트림으로도 시원찮은
억만 번 토하고 싶었던 말
종유석처럼 매달렸을까
찬밥과 매운 눈물 쓱쓱 비벼
꾸역꾸역 삼킨 나날
길흉사 끝물의 쓴 맛도 되새김질하여
배를 불릴 만큼 넉넉해도
좀처럼 가벼워지지 않는 속

# 배를 보면

밀고 싶다
창해나 불 속이라도
뒤뚱거리다 반듯하게 나아갈
당신을 향해
내 안의 바람을 잠재운다
꽃이 피고 꽃이 지는
부질없는 것에 눈물 흘렸던
세월아
물에도 길이 있어
꽃지는 찬란한 슬픔 뒤에 오는
잉태의 아침처럼
또 다른 세상 있는데
갯벌에 발 묶인
지우지 못한 마음 한 척
힘껏 밀고 싶다

# 못

어둠 걷히고 보니
못이었다

산비탈 햇살이
플라타너스 근육 사이로
무울무울
발자국 찍었다

스스로 몸을 틀며
깊어지는
물

# 4부

# 둥근 집

사각의 유리 숲 속 문자메시지가 배달되었다
세탁기 소리 전자레인지 소리 얇은 햇살을 넘긴다
우우 시간을 몰고 닫힌 상처의 캡슐을 딴다
뼈대를 끼워 넣고 쟁여놓은 살점도 입었다
몸 밖으로 뻗은 생각 먼저 엘리베이터를 탄다
열다섯 기억 찾으러
330-9번지에서 바람 쌓인 골목 되짚어 간다
사각의 집 사각의 방 사각의 식탁
사각사각 다 먹어치우기 전
두레밥상에 앉아 긁던 양푼이 소리
빨갛게 가지 휘는 감나무가 있는
그 집에 당도하리라

## 호호 · 2010

호호 웃음 짓지 말고 찾아봐 분명 네 안에 있기 때문이야 시도 때도 없이 그런 웃음이 흘러나온 뒤 땅이 흔들릴 정도의 한숨이 무엇 때문인지 궁금하지 않니 발바닥이라도 까뒤집어봐 뿌리 엉킨 산맥이 바람을 가르고 있을 거야 결빙의 바위에서 미끄러지는 건 당연하지 넌 돌아가야 해 염소나 곰이 아니기 때문이야 호호 받은 만큼 되돌려 줘야 한다는 법칙은 없어 그건 게임이 아니야 네가 어디서 왔는지는 중요하지 않아 왜 맨발로 으르렁거려야 하는지 이쪽 저쪽 어디에도 갈 수 없다는 것이 슬플 뿐이지 그런데 넌 슬픔이 뭔지 모르지 그리움도 모르지 그러니 애초부터 게임이라는 건 없었던 거야 호호

## 백악기 부스

어떻게 공룡과 친구가 될 수 있는지
말도 안 되는 것이 더
말이 되는

열차가 일억 만 년의 바람을 가르며 달린다

일찍 바다로 나간 혼령들도 돌아와
서둘러 공룡을 만들고
알들이 부화하기 전
매듭을 풀듯 차근차근
장기만 적출해야 한다

뇌를 먼저 도려내고
심장은 마지막에 두 손으로 꺼내야 된다

쉿! 피는 피끼리 싸우기를 좋아해
저 꽃 속에는 꽃들의 피가 흐르고 있어
백악기 부스 앞
공룡들의 피가 붉게 피었다

## 고백, 씨플라워호

배를 탄다는 건 신나는 놀이지
놀이공원에서
아이들만 태워놓고 바라보던
바이킹 같은 날들이여

구린내 나는 선체에 올랐다
물의 가랑이를 찢어발기며
파도의 상어 떼가 몰려든다
아가리를 쩌억 벌릴 때마다
매달고 온 크고 작은 가방 하나씩 던진다
바다를 통째로 삼키려나
4미터 공포의 그네를 붙잡고
여기저기 터지는 탄성과 비명
해신의 노여움을 누가 달랠 것인가
그의 요구를 받아들이는 게 거역보다 쉬운
쾌락과 고문 사이
아랫배가 뒤틀리고 진땀이 솟는다
또 애가 서면 낭패야
숨이 차고 손끝이 나른하다
얼마나 흘렀는가

앙다문 이 사이 범벅된 신음
삼킨다, 입을 틀어막고 발버둥치다
끝내 다 쏟아내고 말았다
흥건한 생의 구성눌

## 의림사

내 마음 깊은 골 의림사 있을까
새파란 휘파람
마디마디 꺾인 돌층계 오르면
팔작지붕 그림자 물속보다 그윽한 곳
불두화 새순이 살바람을 밀어제낀다
나도 언제 저런 힘을 가져보았던가
추억은 뜯어낸 기왓장 같아
눈을 씻고 귀를 말려도
좀처럼 맞춰지지 않는다
하늘을 베어 문 추녀 끝에서
산산조각 나는 풍경소리
제 빛깔의 소리가 날 때까지
쟁그렁 쟁그렁
바람골 가득 쏟아 붓는다
부서진 뒤에 더욱 푸른 꿈처럼
낡은 단청에서 흘러넘치는 고요
눈을 감아도 밝힌다

## 봄날

안민고개 벚나무 숲길
와 탄성의 높이만큼 날아오르던
꽃잎들 커다랗게 입 벌린 차창으로
우우 빨려 들어갔다
구불구불 내장 속으로 미끄러졌다
한 끼의 식사도 되지 못하는
꽃잎을 후루루 말아먹고
차들은 급히 떠났다
축제의 끝물은 갯벌보다 질퍽거려
굽잇길 일렁이는 꽃산 아래
태아처럼 웅크렸다
모든 녹색은 차단되었을까
휴대전화의 신호음도 뚝 끊겼다
산수유 · 딸기 · 진달래
축제는 바겐세일을 연장했고
짧은 치마의 소녀 두서넛 스쳐갔다
먼발치에 뽀송뽀송한 섬 하나
헤엄치고 있었다

# 양양지

한때는 세도가의 권세로 출렁였다
앞산이 발꿈치 들고 드나들던 곳
간간이 새소리만 절뚝일 뿐
관재정 재갈 물렸다
누구나 비밀 하나 잠그고 있는 것처럼
이제 금지구역이 된 자리
검은 물 바짝 말라 흙살 찢겼다
좁은 수문을 빠져나간 녹슨 물자국
고문서처럼 희미하다
허리 한 번 펴지 못한 아랫것이 되어
못 둘레를 서성였을 나무
상전의 헛기침에
온몸 뒤틀려 여태 맨발이었나
고뿔 든 겨울

# 보았다
## —반구대 암각화

그녀가
물결치마를 살짝 걷어 올릴 때
보았다
해가 몸 바꿀 때
보고 말았다
5월과 11월은 너무 멀어
강물 몇 번 두드린 사람아
새끼 업은 고래 같은 사람아
동해 물살로 돌아가라
오늘은 파도 없고 햇살 맑아
수장된 기억도 풀리는 날
역사의 처녀지도 스스로 치마를 올리는 날
누천 년 바위잠 속내를 풀어헤친
첫 경험의 단면도

# 안막스의 사람들

아침이면 그들은 제네바로 간다
낡은 가방과 자동차 열쇠
때절은 패스포드를 흔들며
국경을 넘는다
삶의 고삐를 서서히 끌어당겨
얼어붙은 레만호를 달린다
가지 몽그라진 나병목 사이
굳이 날지 않아도 안다
창가에 어둠이 끈적이면
프랑스의 안막스로 돌아가야 한다
수프에 적갈색 노을이 뚝뚝 떨어지는
저녁을 위해
날개를 접고 땀 그림자를 쏠아야 하는
그들 어깨 너머
낮게 엎드린 안막스가 보인다

## 꽃놀이

나무에 뭉게뭉게 피어난 구름 반쯤 벌린 잎, 쫙 벌린 잎, 저기 보세요 목젖을 드러낸 꽃송이 아래서 들고 온 보따리를 풀고 있는 흰구름 먹장구름 빨간구름 세상에는 사람 수만큼 구름이 있다는 거 구름 밖에 나와서 알게 되었지요 핑크구름이 고름을 짜내고 있습니다 꽃잎 같은 부스럼딱지가 떨어집니다 팔자주름 사이로 바람 한 줄 건너갑니다 중절모의 남자와 빨간 스카프의 여자가 사진을 찍습니다 꽃구름 화관 위로 새겨 넣을 문구가 잠깐 생각났나 봅니다 여자가 남자에게 귓속말로 합니다 건네 받은 카메라를 들여다보며 구름을 깔고 앉습니다 살아온 날들을 쟁여온 찬합 뚜껑을 엽니다 가장 화려한 지난날을 덥석 깨물고는 뚜껑을 덮으려는 남자와 중얼거리는 여자의 미간으로 꽃주름이 일렁입니다 나무 겨드랑이 사이로 여자의 스카프가 펄럭입니다 꽃구름이 점점 몸을 불립니다 저 구름 터지기 전에 서둘러 가자는 듯 남자가 옷을 훌훌 털며 일어섭니다

# 춤

고산족 후예들이 춤을 추고 있다
퇴화의 발바닥에 묻어나는 원시의 바람
그 안에 웅크린 짐승을 향해 창을 던진다
돌아오는 건 동전 몇 닢과 박수뿐이지만
그들의 눈빛이 가 닿는 곳
아낙은 솥단지에 별빛을 씻어 안치고
남자는 땔감을 져다 날랐을 그들과 유일한 교통인 춤
직폭으로 떨어지는 물길이다 굽이굽이 돌아 평원을 이룬
무대로 나를 끌었던 半裸의 저 어린 남자도
가족을 위해 동태찌개를 끓이고
낯선 사람과 사진을 찍으며
하루치의 땀을 계산하는 협곡을 오르고 있다
그들 조상이 버린 비탈, 바위 구멍마다
일가를 이룬 제비들의 군무가 아찔하다
능선을 휘감는 몸짓의 소리
저쪽, 버스가 협곡에 매달려 가고 있다

# 연밥 샤워기

건축자재 거리를 한 바퀴 돌았다
강주 연못 백련 속에 섞인 연밥 같은
샤워기, 건너편 비룡 반점을 향해
검은 물이 쏟아질 듯 꼭지를 드러내놓고 있다
몇 날째 계속되는 폭염경보 때문인지
거리의 핫팬츠는 연잎보다 짧아졌다
징검다리 연휴의 가장자리를 밟으면
출렁출렁 물소리 따라올까
안방, 거실, 서재까지
벽돌이나 시멘트가 다 차지하여
땡볕 한 칸에 세 들어 살고
연잎 아래 마실이라도 갈라치면
일제히 날아드는 불화살
못물이 제 몸 태울 동안
샤워기엔 마른 먼지만 쌓였다

# 5부

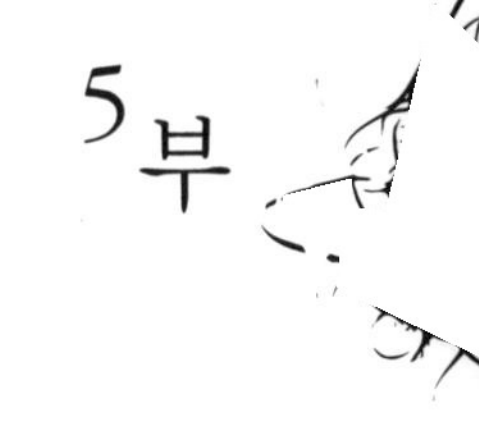

## 양파꽃

매운 꽃을 아시나요
화왕산 관룡사 아래 다천 산방 그 아래
흐르는 냇물을 일제히 밀어올리는 지독한 꽃
웅얼웅얼 속앓이가 터지다 멈춘 듯
온몸 뒤덮인 열꽃
뭉툭하게 솟아 제 살 깎는 매운 날 끝으로
동행한 비도 몰아세우고
첫 수확 끝난 옥천 들판
댕그마니 씨종자 흔들리는 양파 밭
매운맛 본 지 한두 해 아니지만
어디 덕 보려고 자식 키우던가
가슴속 암 덩이를 하얗게 피워 올려
또 한 번 세상에 속는
매운 꽃을 아시나요

# 꽃 같은 날들

내가 아이를 키울 동안
그녀는 꽃을 꽂았다
탄생과 죽음 앞에서
황나리 · 용담 · 비비추 같은
날들이 흘러갔다
스무 살 볼우물에 괸 향기
뿔뿔이 흩어져 돌아오지 않았다
말없는 가지를 따라
가시를 잘라내고
화분도 털어버렸다
누군가의 기억 속에서
먼 불빛 밝는 저녁이면
더욱 어깨가 시렸다
강물처럼 불어나는 그리움
꽃보다 진한 세상도
헐벗은 가지에 걸어두고
홀로 바람 같은 울음을 삼켰다

# 능소화

파란 철대문 위로 능소화 기어간다

컬 굵은 파마를 하고 쪽문으로 들어오던
숙이, 할아버지 제삿날 자반 값 들고
읍내로 내뺀 지 한나절
흑단 머리채 굼실굼실 불내를 풍겼다
마당비로 쓸어내리라
아버지의 역정 울타리를 뛰어넘었고
맨발로 도망친 앞내도 훌쩍훌쩍 방망이질

대낮 문간을 기웃거리는 저 가시내

# 소금

한 줌의 절망도
강물을 따라
바다로 흘러들 때
비로소 소금이 된다
이렇게 녹아서
모든 썩어가는 것들의
가슴에 스며들었던 날들
홀로 바다에 이르러
거품 뜬 발자취를 보면
알 것이다
변한 것은 아무것도 없다
다만 썩지 않는 말과
잊히지 않는 추억
아무 데나 흩뿌려져도
다시 일어선다
한 줄기
푹 절은 세월의 깊이만큼
투명하게 쌓이는
저 말없는 힘

# 박카스

자백만 받으면

나의 하루는

활력이 넘쳐

기어코

입을

비틀고 말리라

저 완벽한

묵비권

## 간장의 말

나를 죽인다
한 됫박의 소금을 끼얹은
짜디짠 가슴팍에서
거듭 태어나기 위해
처절히 무너진다
말없이 갈앉은
기억의 골짜기
찔레꽃 하얗게 떠 간다
뒤돌아보지 마라
장독 위에 날을 갈고 있는 햇살
언젠가는 폭죽으로 터진다
생의 가장 어두운 밤
불꽃으로 피어나듯
묵은 오지그릇에서
곰팡이 홀씨
아프게 눈을 감는다
찬란한 향기로 일어설 때까지

# 나뭇잎에게

가거라,
저문 해를 등에 지고
바람 부는 그리운 세상
저 막막한 어둠을 향해
스스로 부딪쳐라
봄부터 발돋움하던 푸른 취기
홀로 삭힌 가지 끝
한여름의 격정도
물빛 곱게 어우러졌구나
네 한 잎 받들고 있는
하늘이 높을수록
나 또한 힘차게 떨어져야 하듯
가을이 빛날 때
스스로 흔들리는 잎새여
흔들려서 자유로울 수 있다면
더욱 세차게 부딪쳐라
썩어서 마른 뿌리 적실 때까지

## 별들은 첨성대를 비껴서 간다

탈출한 별들의 우리에서
나였던 한 마리의 짐승을 기다리듯
궤도를 벗어나지 못한 별들을 애도하며
느릿느릿 밤하늘 골목으로 걸어가야 한다면
여왕의 목도리 같은 바람이라도 휘감아 보리라
녹유와당 · 오리잔 부식토 · 도깨비 수막새 사이
이끼를 분양하는 메시지도 천 년의 미소도
첨성대를 비껴서 간다
더러는 가방 속에 안구 건조증의 별빛을 구겨 넣기도 하며
지등을 든 아낙들이 반월성으로 오르는 사이
지등만 한 별들이 가물가물 첨성대로 돌아오기를 기다리는 것조차
환멸이던 때가 있었다
마모된 추억의 모퉁이를 서성이거나
익명의 지점으로 돌아가야 할 시간
고속열차가 당도했다
또 얼마나 많은 별들이 좌절하며 뜬눈으로 밤을 새울 것인가

## 별목련

제주에서 처음 만났다
키는 슈퍼모델쯤 되겠네
수학여행단의 남학생이 툭 치며 지나가자
바닷바람도 건들거렸다
오름을 오르다가, 이중섭의 그 골방에서도
물 젖은 속적삼 같은 꽃잎이 파르르 떨렸다
그에게 사랑의 메시지를 보내던 여인이었을까
두근거림과 아찔함도 아닌 막막한 회리가
섭지코지를 휘감았다
나무라면, 꽃 핀 나무라면 어디서든 눈총을 쏘아대던
그녀가
내 손으로 할퀼 수 없는 곳에서
한 잎 한 잎 눈웃음을 날리고 있다

# 엄지브로콜리

엄지 옆에 엄지 뒤에 엄지 앞에
엄지가 모여 한 덩이 브로콜리가 되었다면 믿겠어요

맛을 보세요

정오에 야외무대로 나오시면
아이스 바처럼 몸이 녹아들 거예요
전시실을 빠져나온 젓가락들이 방황하며
하품으로 끓어오를 때
브로콜리 한 덩이 새파랗게 실신시켜 놓을게요

엄지와 마요네즈
엄지와 초고추장
엄지와 머스터드
마늘, 간장, 칠리 오소소 돋은 소름 알갱이들

사그랑 사그랑 씹으며 채소밭으로 가요
당신이 나무 아래 잠깐 쉴 때도
나는 씨 뿌릴게요
퇴비를 져다 붓는 건 당신 몫이니까요

브로콜리 두부탕, 수우프, 샐러드

당신이 그 화가와 이야기 나누는 동안에도
나는 브로콜리 새싹을 옮겨 심을게요
당신 몸이 최고로 필요로 하는 것이 브로콜리니까요

## 사랑
—강가에서

강으로부터 시작된 것이
어찌 이 물길뿐이랴
네가 나로부터
내가 너로부터
저 발원의 물줄기 하나로
흐르다 지쳐 머무는 갈밭머리
잠시 길을 잃는다
하늘 어두워지고 바람 몰려와도
우리 함께 가야 할 세상
사랑아
너와 나 마주하면
가슴속 쟁쟁 울리는
물소리도 길이 되는구나
수초가 젖은 몸을 일으키는 기슭을 에돌아
작은 풀꽃에서부터
망초꽃 구름 속을 흐르고 있니
물같이 흐르고 있니

## 반닫이

숨구멍 죄듯 짜 맞춘 목무늬
저 사각의 틀에 어머니 나를 가두네
백통장식 떨어져나간 자리 기름걸레질하며
안방에서 주방으로 현관으로
내 목덜미 문지르네
어머니 손에 힘 실릴 때마다
발버둥치는 비명 아무도 듣지 못하네
젊은 오동 오동나무
소목장의 손을 떠나온 지 백 년
물관부 타고 오르던 보라 물소리 끊겼을까
귀 기울여 다가앉으면
모서리에 비치는 그 모습
내 가슴의 퓨즈 끊어버렸네
오래전 닫혔던 생산의 몸 열어젖히고
반들반들 반닫이 매만지고 쓰다듬다
나를 팍팍 구기고 다지네
말 잘 듣는 아가 내 손발이 되어줄
큰아기 그림자 놓칠세라
허전한 자궁 쫙 벌리고 앉아
내 뒷덜미 닦고 또 닦네

| 해설 |

# 일상적 여성성에서 정온靜穩한 생명력으로 이월하는 풍경

김문주 (문학평론가)

1

시인에게 첫 시집은 각별한 의미를 지닌다. '첫' 것들 속에는 그들을 영접한 이의 오랜 시간과 감정의 타래들이 깃들어 있어서 그 위에 발을 얹어놓는 과정에는 묘한 설렘과 조심스러움이 동행한다. '첫 것' 들을 맞이하는 미답지의 내면, 더욱이 그러한 내면이 대체로 격정의 연대기에 놓여 있다는 점에서 '첫 것' 에는 제어되지 않은 정서들의 한 시절이 내장되어 있다. 하여 '첫 것' 에 이르러 비로소 당도한, 유예된 것들의 역사를 우리는 '첫 것' 에서 보게 되는 것이다. 시인들의 첫 시집도 예

외는 아니어서, 그 속에는 시작의 계기가 된 삶의 신산과 비루와 곡절들이 담겨 있게 마련이다.

김명희 시인의 『향기로운 사하라』 역시 대개의 첫 시집들이 보여주는 이러한 시간의 단층들을 내장하고 있다. 첫 시집들에 자주 출현하는 성장기나 가족의 서사가 『향기로운 사하라』에도 등장하는데, 이를테면 사춘기 시절의 내밀한 육체적 감성을 형상화하거나(「비밀」) 소녀시대의 가족과 집을 추억하는(「둥근 집」) 등의 내용이 이러한 서사적 시간들의 귀환이라고 할 수 있다. 『향기로운 사하라』의 경우 예의 첫 시집들이 보여주는 이러한 주제들을 중년의 여성적 감수성으로 전유함으로써 정서적 격동을 현저하게 해소하는 방식으로 길을 트고 있다는 점은 여타의 시집들과 갈리는 대목이다. 그녀의 시집은 예민한 통각痛覺의 감수성 대신 정서적 일상성을 중심으로 생의 서사를 수렴한다.

> 키 재기하던 나무에 걸었던 시간이 있다//듣지 않고 바라보지 않아도 느낄 수 있는 사랑이여//불 같은 하루도 이제 제 몫의 각질을 벗겨낸다//아직 어둠은 덜 여물었고//멀리서 페달을 밟고 오는 둥근 그대//바람은 밥 냄새 흐르는 쪽으로 몰려간다//우리 서로의 등을 밀며 오르던 무늬 진 꽃자리//그 속을 수천 수만 번 꿰뚫고 갔을 시간의 살//그 빛나는 상처의 파장을 추파라 하자//한때는 감옥이었던//한때는 피 튀기는 난장이었던//내 몸속에 꽃보다 붉은 시간이 흐르고 있다
>
> —「꽃시계」 전문

『향기로운 사하라』의 시상을 견인하는 주요 동력은 시간의 감각이다. 여기에서 시간은 지나온 세계를 소환하는 정관靜觀의 감각으로 작용한다. 그것은 혈이 빠르게 돌고 뛰던 '살'의 시기를 추억하는 감수성, 육체적 감각을 정서적 낭만성으로 전유하는 감수성이다. 이는 지난 시간의 감각을 현재화할 수 있는 능력을 상실한 감수성이자, 감각의 현전성을 정관의 시선으로 호명하는 감수성이다. "한때는 감옥이었"고 "한때는 피 튀기는 난장이었던" '상처의 시간'을 "추파"라고 부르는 이 시의 주체는 파장의 끝을 바라보고 있는 자이며, '감옥'과 '난장'을 더 이상 되살 수 없는 자이다. 후일담의 시선과 정서가 시를 지배하고 있는 셈이다. 이 시를 떠받치고 있는 둥근 이미지나 "듣지 않고 바라보지 않아도 느낄 수 있는 사랑"과 같은 시적 언술들은 '살의 시간'에 대한 정서적 이격을 확보한 자의 인식에서 비롯된 것이다. 김명희의 시집이 자신의 성장기 서사들을 소환함에도 불구하고 그것 자체의 정서적 열도를 보존하고 있지 않은 것은 전체를 정관하는 시선, 사태를 평정의 상태로써 일상화하는 감수성이 지배하고 있기 때문이다. 이 점은 '살의 시간'에 대한 기억과 더불어 그녀의 시집에 빈번하게 노년(죽음)의 풍경이 등장한다는 사실과 긴밀하게 연관된다.

> 베란다에 방치한 양파에 싹이 돋았다/나일론 망을 뚫고 나온 푸른 독기가/허연 살집덩이를 물러 앉히고 말았다/방치한 것은 모두 괴사하는 것일까/환부를 들여다보지 못한 동안/당뇨가 발

까지 점령했다/진물이 흐르는 상처를 헤집고/약을 바르다 독꽃을 보았다/양파 속 나이테같이 둥글게/잠식한 어머니의 발가락/핀셋으로 까뒤집어도 꿈쩍하지 않는다

—「괴사」 부분

4월 봉오리 펼치자//띰샘 닫히고 호흡은 내리막이다//완두콩 열리고//혈압과 맥박 닫혔다//나달나달해진 적삼을 개키듯//생이 오므라드는 순간에는//눈으로도 들을 수 있고//귀로도 볼 수 있어//텅//텅텅//목단꽃 간다//그림자 진다//

—「오므라들다」 전문

『향기로운 사하라』에 등장하는 이른바 '꽃시절'의 배후에는 이를 한때로써 정관하는 시간의 감각이 자리 잡고 있다. '꽃'의 형상을 죽음과 함께 그리고 있는 위의 시편들에서 우리는 '꽃시절'의 후반기를 보게 된다. 시들어가는 '꽃'의 운명 속에서 '꽃시절'을 바라보는 이러한 태도는 생의 육체성을 향유하는 감각이 아니라 존재의 전체성을 관조하는 형상 사유에 속한 것이라고 할 수 있다. 세계를 감수하고 수렴하는 꽃의 육체가 "살집덩어리"가 되고 끝내 자신의 안쪽에 "독꽃"으로 돌아앉는 과정이야말로 적나라한 '살의 운명'이라고 할진대, 이 운명을 관조하는 『향기로운 사하라』의 시인이 죽음 쪽으로 기울어 있는 것은 지극히 자연스러운 일인 셈이다. 괴사한 "살집덩어리"의 "검은 상처"에서 "독꽃"을 보는 시인의 상상력은 연성軟性의 육체에서 상처나 부패를 함께 보는 자의 의식인 것이다. 꽃은 짓

물러지고 떨어지는 법이지만, 세상의 시선은 만개한 꽃에 집중되기 마련이다. 시인은 꽃의 안쪽을 보는 자이다. 꽃/열매의 열림 과정과 생명력의 종결의 풍경을 나란히 형상화하고 있는 「오므라들다」의 시선은 대상의 너머를 향해 있다. "눈으로도 들을 수 있고 귀로도 볼 수 있"는 경지가 "생이 오므라드는 순간에" 열린다는 이 시의 인식은 세계에 대한 깊은 통찰력이야말로 육체적 감각이 '내리고' '닫히는' 하강의 지점에서 시작됨을 뜻하는 것이다. 이는 감각의 무용론이나 허무의식의 소산이 아니라 감각의 전체성을 사유하는 의식이라고 할 수 있다. 그러한 점에서 시의 공간에서 울려나오는 소리("텅 텅텅")는 대상 세계의 진면목에 귀 기울이는 심안心眼의 이미지이다. 그것은 보이지 않는 세계의 진실에 육박해 들어가고 이를 소리로써 상징화하는 불교적 영성을 생각하게 한다. 『향기로운 사하라』는 늙음과 소멸에 관한 사유가 떠받치고 있는 기억과 일상에 관한 기록이다. 시집 속 흥성거리고 솟아오를 듯한 감성이 동심원의 큰 원처럼 번번이 잦아드는 것은 파동의 중심에 전시간적 감수성이 자리 잡고 있기 때문이다. 김명희의 첫 시집은 현재적 일상과 내면에 기숙한 시간들의 동서同棲를 보여주는 풍경이라고 할 수 있다.

2

시집 『향기로운 사하라』의 가장 주된 테마는 여성적 일상이다. 낯선 여행지에 대한 경험이나 상상의 공간을 형상화하는 사례가 거의 없는 대신, 김명희의 시편들은 중년 여성의 일상을 찬찬히 그려낸다. 그러한 점에서 그녀의 시들은 동시대 여성들의 삶에 대한 기록이다. 일상을 통해 그녀는 여성으로서의 자신의 삶을 돌아보고 자기정체성을 발견해 가는데, 이러한 과정은 동시대 여성들의 내면적 삶을 확인하는 여정이라고 할 수 있다.

> 찬물 한 사발 찾는다/구석구석 죽음이 널브러진 거실/저절로 살아난 텔레비전 소리도 죽이고/양말짝이나 맥주병 에돌아/발소리 숨소리 죽이며 솥을 씻는다/방마다 들어찬 날 것들의 냄새 갈아 앉히고/잠꼬대 듬성듬성 썰어 된장국 끓인다[…]부엌 창과 길 건너 희망 교회 사이/밥이 끓고 있다/죽음처럼 휴식하는 식구들을 위해/죽음에서도 벌떡 일어나는/아침.
>
> –「일요일」 전문

> 음주 흡연 아니라도/삼켜야 할 것이 너무 많아/몇 번의 트림으로도 시원찮은/억만 번 토하고 싶었던 말/종유석처럼 매달렸을까/찬밥과 매운 눈물 쓱쓱 비벼/꾸역꾸역 삼킨 나날/길흉사 끝물의 쓴 맛도 되새김질하여/배를 불릴 만큼 넉넉해도/좀처럼 가벼워지지 않는 속
>
> –「위 내시경」 부분

상황의 변화에도 불구하고 오늘날의 여성적 일상 역시 생명을 북돋고 보살피는 일에서 크게 벗어나지 않는다. 『향기로운

사하라』의 많은 시편들은 이러한 전형적인 여성의 삶과 여기에서 비롯된 내면을 기록하고 있다. 이를테면 위의 인용 시편 「일요일」은 가족들이 놀다가 잠들어 있는 일요일 아침 식사를 준비하는 여성 화자의 삶을 그리고 있는데, 정서를 직접 노정하고 있지 않지만 화자의 모습은 이러한 삶을 일종의 종교적 헌신과 같은 마음으로 수행하고 있음을 시사해준다. "부엌 창과" "희망 교회 사이" "끓고 있는" 밥의 풍경에서 우리는 여성의 노동과 삶의 의미를 생각하는 화자를 보게 된다. 모든 가족들이 잠든 아침에 몸을 일으켜 식사를 준비하는 모습이 상징하는 여성적 삶, 다른 존재의 생명을 위해 자신을 내주고 희생하는 삶은 자기를 주장하지 않고 자신의 욕망을 괄호치는 삶이라고 할 수 있다. 그것은 "삼켜야 할 것"들을 삼키고 "토하고 싶었던 말"을 꾹꾹 참아내는 일, 다시 말해 "나를 죽이"고 "처절히 무너지는"(「간장의 말」) 삶이며, 분노와 슬픔과 욕망을 감내하는 삶이라고 할 수 있다. 이처럼 김명희 시의 화자들은 자기를 낮추고 자신의 욕망을 비우는 삶을 살고 있는바, 이러한 모습은 우리에게 익숙한 모성으로서의 삶이다. 우리의 어머니들이 그랬던 것처럼, 그녀의 화자들은 전대前代 어머니의 삶을 전수받은 자들이라고 할 수 있다.

숨구멍 죄듯 짜·맞춘 목무늬
저 사각의 틀에 어머니 나를 가두네
백통장식 떨어져나간 자리 기름걸레질하며
안방에서 주방으로 현관으로

내 목덜미 문지르네
어머니 손에 힘 실릴 때마다
발버둥치는 비명 아무도 듣지 못하네
젊은 오동 오동나무
소목장의 손을 떠나온 지 백 년
물관부 타고 오르던 보라 물소리 끊겼을까
귀 기울여 다가앉으면
모서리에 비치는 그 모습
내 가슴의 퓨즈 끊어버렸네
오래전 닫혔던 생산의 몸 열어젖히고
반들반들 반닫이 매만지고 쓰다듬다
나를 팍팍 구기고 다지네
말 잘 듣는 아가 내 손발이 되어줄
큰아기 그림자 놓칠세라
허전한 자궁 쫙 벌리고 앉아
내 뒷덜미 닦고 또 닦네

—「반닫이」 전문

여성적 삶은 생물학적 여성성과 사회적 성 역할의 관계 속에서 규정되는바, 그것은 사회적 통념과 사유의 틀 속에서 이어져 내려오는 것이라고 할 수 있다. 앞의 시편들에 형상화된 여성의 삶과 내면은 오랜 사회적 성 역할을 반복 · 확인시켜주는 것으로써 김명희의 화자들은 대체로 이러한 견인堅忍의 여성성을 받아들이는 양상을 띤다. 「간장의 말」이나 「나뭇잎에게」 등의 작품이 그리고 있는 것처럼 고통과 슬픔을 '갈앉히고' '삭히는' 과정을 그녀는 발효와 숙성, 단풍이 물드는 여정으로 형상화한다. 여성적 삶에 대한 저항과 갈등 요소들을 부각시키는 대신 그녀의 화자들은 대체로 부정적인 요소들을 감내하는 방식으로 수용한다. 그렇다고 해서 『향기로운 사하라』가 여성적 삶의 문제적인 지점들을 인식하지 못하거나 부정하는 것은 아니다. 인지하면서도 이를 자신의 삶으로써 감수하는 태도, 그러한 점에서 이 시집의 화자는 우리 시대 중년 여성들의 내면의 전형을 보여주는 것이라고 할 수 있다. 자신에게로 전해져 내려온 삶을 떠안되 이를 후대의 여성들에게로 전수하지 않으려는 모습은 이들 세대의 모성적 감수성을 웅변적으로 보여주는 대목이라고 할 수 있다. 위의 시편에서 '받닫이'를 다루는 '어머니'의 모습은 다음 세대(며느리)를 이전 세대의 여성들의 삶에 종속시키는 양상을 시사한다. "숨구멍 죄듯 짜 맞춘 목무늬"의 "사각의 틀"은 화자를 전통적인 여성의 삶에 가두는 대문자 '모성'을 상징하는 것으로써 이러한 구속력은 "안방에서 주방" "주방에서 현관으로" 이어지는 모든 여성적 일상에 개입하는 억압의 힘을 뜻한다. "말 잘 듣는 아가 내 손발이 되어줄 큰아기 그림자 놓칠세라" 모든 일상에서 '나'를 통제하려는 어머니의 손은 "내 가슴의 퓨즈"를 "끊어버리"고 "발버둥치는 비명"을 지르게 하는 보이지 않는 힘이다. 그것은 희생과 억압의 여성성을 강요하는 한국사회의 현실을 상징적으로 드러내는 형상이다. 그러한 힘 속에서 '구겨지고 다져지는' 나, '반닫이'의 모양은 고유한 존재로서의 '나'를 상실하고 모성母性으로서의 생生만을 살아가는 오늘날 이 땅의 중년 여성의 삶을 그려낸 형상이라고 할 수 있다. "내 뒷덜미"를 "닦고 또 닦는" "어머니의 손"은 이들 세대를 짓누르는 심리적 부하負荷의 현실과 견인/희생을 요구하는 모성적 여성성의 압력을 상징한다. 이와 같은 여성적 정체성이 『향기로운 사하라』에 가장 넓게 자리하고 있는 인식의 지평이다. 김명희에게 시를 쓰는 행위는 이러한 여성적 삶과 정체성을 확인하고 탐색하는 과정이라고 할 수 있다.

후후 불어가며 코를 훌쩍이며
곰탕을 먹는다
집안 구석구석 굴러다니는 뼈 냄새를
바람 시린 무릎으로 껴안은 삼복
졸음처럼 곰 솥은 졸아들고
골다공증의 뼈
저 뼈들이 어머니란 말인가
발라먹고 우려먹고
입 쓰윽 닦으면 그만이었던
어머니

수육이었고 곰탕이었던.

―「즐거운 저녁」 전문

「즐거운 저녁」은 인내와 헌신의 모성적 삶을 단적으로 그리고 있는 작품이다. "후후 불어가며 코를 훌쩍이며" 먹는 곰탕은

'어머니' 의 희생을 상징하는 음식물로써 가족 구성원들은 자신을 내어주는 이러한 모성을 통해 각자의 사회적 존재감을 키워나가게 된다. "집안 구석구석 굴러다니는 뼈 냄새"와 "바람 시린 무릎" "졸음처럼" '졸아든 곰솥' 의 이미지는 모성적 육체의 소모와 쇠락, 그리고 여성 노동의 피로와 고단함에 의해 영위되는 가정의 모습을 탁월하게 드러낸다. 뿐만 아니라 이러한 희생과 헌신을 당연한 것으로 받아들이는 가족 구성원들의 모습은 여성의 자기부정 위에 유지되어 온 우리들 가정의 초상을 적나라하게 보여준다. "집안 구석구석 굴러다니는 뼈 냄새"는 가족 구성원들의 성장과 사회적 삶의 궁극적 자양이 모성적 여성성, 모체를 희생양으로 삼은 것임을 충격적인 후각의 이미지로 그려낸다. 우리는 일상을 통해 여성적 삶과 정체성을 확인하고 탐색하는 김명희의 시선을 보게 된다.

한편 「뒤란」은 모성적 여성성에 대한 인식과 달리 여성에 대한 수탈의 이미지를 다음과 같이 그리고 있다.

> 사라 바트만 그녀는 비너스의 뒤란이다/애장품이 된 축복의 아프리카를 향해/경배를 들던 사나이들은 어디로 가고/검은 눈물 입 안 가득 모래바람만 휘몰아치나/탱탱하게 익은 슬픈 대륙을 정벌하고 돌아가는 길/그 밤하늘 처녀성으로 피어나볼까/벌목의 원시림에는 짓뭉개진 달의 파편이 쌓이고//분노와 절망마저 적출당한 아랫도리에/깨진 술통과 담배 곽을 쑤셔넣고/미각을 사냥하는 엄숙한 능선/별들의 포자가 짐승처럼 고꾸라졌다//사라 바트만 네 눈물의 단내를/누가 안다고 하겠는가/피면서

열매 맺는 슬픔의 뒤란//검은 나뭇가지에서 검은 새들이 일제히 날아올랐다

—「뒤란」 일부

제국주의 시대에 유럽으로 끌려가 구경거리가 되었다가 죽은 후 박물관에 전시되었던 아프리카 원주민소녀 '사라 바트만'을 그린 이 시는 여성성에 대한 제국주의적 시선과 태도를 비판적으로 다루고 있다. 한때는 "애장품이 되어" "경배를 들던 사나이들"로 둘러싸여 있던 소녀가 참담한 몰골로 전시된 사건을 통해 시인은 여성성의 수탈과 식민지 침탈을 겹쳐놓는다. 「뒤란」이 취하고 있는 이러한 관점은 모성적 여성성을 희생과 소모라는 차원에서 다룬 앞의 시편들과 유사하다. 성적 유희의 대상에서 훼손된 신체로 이월되는 과정은 여성에서 모성으로 옮겨가는 계기의 변화와 크게 다르지 않다. 이와 같은 시각이 좀더 깊어지거나 넓어지지는 않지만 모성적 여성을 다룬 김명희의 시선은 '수탈'의 이미지에 집중되어 있다. 그녀의 이러한 관점은 중년 여성들의 빈곤한 자기-정체성, 앞서 보았던 "집안 구석구석 굴러다니는 뼈 냄새"와 "졸음처럼" '졸아든 곰솥'(「즐거운 저녁」)의 이미지가 상징적으로 보여주는 쇠약과 피로와 허탈의 내면을 잘 드러내준다. "검은 나뭇가지에서 검은 새들이 일제히 날아오르"는 「뒤란」의 결미는 '사라 바트만'과 동화된 시인의 의식, 즉 어둠과 폐허廢墟의 내면을 죽음의 이미지로써 형상화한다. 이와 같은 수탈과 폐허의 상상력이야말로 『향기로운 사하라』가 대변하는 중년여성의 심층을 이루는

정서적 형질이라고 할 수 있다.

3

주로 여성의 일상과 내면 현실을 형상화하고 있는 『향기로운 사하라』는 동세대 중년 여성들의 보편적 정서를 담아냄으로써 당대적 전형을 보여준다. 희생과 헌신 위에 기초한 모성성을 자기-정체의 거의 유일한 거점으로 삼았던 이들이 마주한 현실은 자신의 내면을 "텅 텅" 울려나오는 허탈의 정서라고 할 수 있다. 김명희의 화자는 전통적인 여성성을 자신의 것으로 감수한 자의 모습을 띠고 있지만, 그 심층에는 우수의 정서가 넓게 자리하고 있다. 아니 좀더 정확하게 말한다면 그녀의 시는 빈한한 자기-정체성의 현실이 추동하는 정서적 갈등을 관성적인 모성적 여성성으로 봉합하는 형국에 처해 있는 듯하다. 그러한 점에서 『향기로운 사하라』는 평온해 보이는 표면적 언술 풍경과 달리 실제로는 건조하고 황폐한 심상 지리 위에 기초한 듯 보인다. 기압이 바뀌면 그녀의 사하라는 바람이 불고 모래 언덕이 자리를 바꾸어 다른 지형의 풍경을 우리에게 보여줄지도 모르리라. 물론 현재로서는 그녀의 시가 대변하고 있는 평범한 중년 여인들의 심리적 양태처럼 균열의 틈 사이로 솟아오르는 불온한/불행한 갈등을 봉합할 것으로 생각되지만, 『향기로운 사하라』의 모성적 여성성은 오랫동안 기숙해 오던 거처의 위기를 맞이하고 있는 듯 보인다. 그녀의 시집에 등장하는 추억과 감성에 대한 소환 욕망의 동력 역시, 이러한 쇠락과 소모의 (내면) 현실에서 비롯된 것이리라. 그러한 점에서 『향기로운 사하라』에서 가장 아름다운 시편 중의 하나인 「의림사」의 풍경은 이 시집에 내장된 내밀한 욕망을 형상화한 것이라 판단된다.

내 마음 깊은 골 의림사 있을까
새파란 휘파람
마디마디 꺾인 돌층계 오르면
팔작지붕 그림자 물속보다 그윽한 곳
불두화 새순이 살바람을 밀어제낀다
나도 언제 저런 힘을 가져보았던가
추억은 뜯어낸 기왓장 같아
눈을 씻고 귀를 말려도
좀처럼 맞춰지지 않는다
하늘을 베어 문 추녀 끝에서
산산조각 나는 풍경소리
제 빛깔의 소리가 날 때까지
쟁그렁 쟁그렁
바람골 가득 쏟아 붓는다
부서진 뒤에 더욱 푸른 꿈처럼
낡은 단청에서 흘러넘치는 고요
눈을 감아도 밟힌다

—「의림사」 전문

"새파란 휘파람 마디마디 꺾인 돌층계" 지나 "팔작지붕 그림자"를 얹고 있는 의림사의 풍경은 화자의 내면에 깊은 인상을 준 살아있는 이미지이다. 이 사찰을 둘러싼 맑고 고요한 정취는 정적靜的인 것이라기보다 싱싱한 생명력을 예비하는 역동적 고요이다. "물속보다 그윽한" 이곳의 풍경을 지복至福의 세계로 끌어올린 것은 "살바람을 밀어제끼는" "불두화 새순"의 힘이다. 나무수국으로 알려지기도 한 불두화(佛頭花-雪桃花/雪吐花)의 새순에서 화자는 경이로운 생명력을 경험하고 있다. 그것은 보살핌의 대상으로서의 생명이 아니라 살아있음을 고스란히 경험하는 주체로서의 생명력이다. 초봄의 차가운 바람을 뜻하면서도 육체성을 환기하는 살바람, 이 "살바람을 밀어제끼는" "불두화 새순"은 희생의 모성적 여성성이 아니라 자기-생명을 만끽하는 여성성이다. 그것은 젠더로서의 사회적 여성성을 벗어나 존재 자체의 생명력을 향유하는 상태에의 동경으로써 갈등과 욕망을 불러일으키는 육체적 생명을 넘어 온전히 정화된 순수 생명을 향한 지향이라고 할 수 있다. 이 시를 휘감고 있는 불교적 영성은 이러한 김명희의 시의식의 정서적 자양인 셈이다. 시의 결미를 장식하고 있는 "흘러넘치는 고요"는 이러한 정화된 생명력의 지극한 상태를 형상화한다. 이 정온靜穩한 생명력의 풍경은 쇠락과 소모의 모성적 여성성을 넘어 생명력의 순수 상태를 향유하고자 하는 존재에의 꿈을 보여준다.

문학의전당 · 시인선 114
향기로운 사하라



초판인쇄 2011년 5월 25일
초판발행 2011년 5월 30일

지 은 이 김명희
펴 낸 이 김충규
펴 낸 곳 **문학의전당**
출판등록 제387-2003-00048호(2003년 9월 8일)

주　　소 121-718 서울특별시 마포구 공덕2동 404번지 풍림VIP빌딩 202호
전화번호 02-852-1977
팩시밀리 02-852-1978
블 로 그 http://blog.naver.com/mhjd2003
전자우편 mhjd2003@naver.com

I S B N 978-89-93481-94-5　03810